JN440218

마당에 징검돌을 놓다

김창균 시집

시인동네 시인선 065

김창균 시집

마당에 징검돌을 놓다

시인동네

시인의 말

지천명을 넘었다.
중언부언하는 날이 잦고
떨림은 미약해진다.
멋쩍게 받아놓은 저녁이 빨리 저물어
밤하늘을 일찌감치 받아놓았으나
혀는 굳고 눈은 어둡다.

겨울이면 더 북쪽으로 치우치는 몸과 생각들
그 몸과 생각과 생선비늘과 언 손을 연민하며
다시 너에게 나를 건넨다.

2016년 10월
미시령 아래 누옥에서 김창균

차례

제2부

제3부

제4부

제1부

석류가 터질 무렵

막달이 다 된 옆집 박씨네 집 소의 뒤가 붉다
곧 터져 양수 한 양동이는 쏟을 듯하다
붉다는 것은 부끄럽거나 서러움만은 아닌 듯
붉은 얼굴, 붉은 노을,
살짝만 건드려도 터질 것 같은 붉은 노래
송아지는 나오지 않고 하루가 저물 즈음
소의 해산을 지켜보던 박씨 부인의 칠순 넘은 얼굴도
살짝 붉어지는데
그 풍경을 지켜보던 내 입안엔
신물이 기분 좋게 고인다

대설경보

유리창에 머리를 박고 죽은 새를
미처 묻기도 전에
눈이 내렸다
하늘을 쳐다보면
마치 지상의 불빛을 행해 달려드는
흰배추나방처럼
눈송이들 달려들고
전폭적으로
비상식량 같은 뉴스에 나날을
기대는 날이 있었다

눈과 귀만 열어놓고
말문은 틀어막으며

기막혀라, 기막혀라

배달부가 마당에 함부로 던져놓고 가
펼치면 모든 면이 쏟아져 내리는

젖은 신문을
받들어 받들어 버리는
그런 날이 있었다

겨울 행운목

마디마디 몸이 잘려도
물에 하반신, 하반신만 담글 수 있다면
기어이 푸른 잎 피워 올리리

십일월, 가끔
내 풍경의 바깥은
폐기종 걸린 사내와 같이
예고도 없이 쓰러졌다
또, 예고도 없이 일어서며
밭은기침을 한다

급소마다 새끼들 매달듯 잎을 매달며
평생 하반신이 젖는 당신

행운목 넓은 잎사귀를 복사한 성에를
꽃이라 부르고 싶은
춥디추운 아침이다

엄동(嚴冬)

대게가 살을 올리는 그믐 무렵이다
콤콤하게 삭은 가자미식해의 지느러미 쪽을 먹는
캄캄한 밤이다
이런 날은 먼 외곽 같은 발걸음들이
대문 앞까지 왔다 가고
입안 가득 신물이 고이는 김치를 얹어
밤참으로 국수를 삶아 먹는다
엄동이 불러오는 허기여
허기에 무너지는 마음이여

아침에 일어나면
멀리 타국에서 시집온 앳된 색시는
발목까지 빠지는 시오리 눈길을 걸어
아주 멀리 갔다는 소문이
집집마다 금기처럼 걸리는
그런 날이 있었다

천남성*을 먹다

천남성
이것은 식물의 이름인데
천상의 죄처럼 아름다운 이름이다
밤마다 자신의 죄를 감추려고 하늘 귀퉁이에
부끄럽게 뜨다 마는
먼먼 조상을 앓고 있는 저들은
겨드랑이께 꽃을 품고
염증 많은 아버지의 뼈마디에 내려온다
민간요법처럼 기약 없는 날들이여
이것은 자주 옆구리께 담이 결리는 나에게도
풍 맞아 반쪽 몸만 성한 고모에게도
국수나 혹은 수제비로 온다

가을에서 겨울로 계절이 옮겨갈 때
근질근질한 독성을 염증에 붙이며
새삼 아련한 그리움이 있을 것 같은 저 먼 데를 편애하며
천남, 천남
하늘 남쪽에 뜨는 별자리 같은 데를 생각한다

---

* 천남성과(天南星科 Araceae)에 속하는 다년생초.

흐르는 사원

—야무나 강가에서

신들의 이름을 간판으로 내건 여관에서
며칠 동안 쥐들과 같은 공기를 호흡하며 보내네
물 밖에는 죄도 없이 늙어가는 개들이
물살에 등 돌리고 잠을 청하는데
처처에 사원들은 거미줄처럼
서로 손잡은 채 뻗어 있고
죄진 자의 얼굴을 한 인간들은 밤새
사원과 사원 사이의 거미줄에 걸려 꼼짝도 못하네
인간의 죄를 품고 흐르는 강물이여
누구의 죄를 씻는지도 모르고
밤새 붉어지는 야무나*여
부처가 초전 설법을 했다는 그 어디쯤 가면
나는 내 이름을 버리고
강의 이름을 얻을 수 있을까?

---

*인도 북부 우타르프라데시 주와 하리아나 주의 경계를 따라 흐르는 강. 알라하바드 부근에서 갠지스 강에 합류한다.

정전

"신나게 춤을 추다가
그대로 멈춰라."

어둠이 비로소 어둠다워진 후
서로의 목소리를 전원 버튼처럼 누른다
소리가 소리에 닿아 서로를 알아보는 순간
안과 밖이 모두 평등하여 구분이 없어지는 순간
이 순간은 내란이고 음모이다
단지 목소리 하나로 그대에게 닿는 이 시간을
나는 절정이라 부르고 싶다
너를 향하던 주먹질이 너에게 닿지 않고
너를 바라보던 눈동자가 툭 꺼질 때
무리를 이탈했다 돌아오는 짐승처럼
전기가 나가고 정신이 나간 시간은
무엇이든 전복하기 좋은 불안한 시간

그러니
공화국이여,

너에게로 가는 길이 온통 망설임뿐인
공화국이여

"신나게 춤을 추다가
그대로 멈춰라."

이명

어디로 신호를 보내는지 내 귀는 고주파 신호음을 낸다
어떤 날은 어느 먼 역을 향해 기차 달리는 소리
그리하여 내 귀는 오래된 기차의 간이역
가끔은 봄날도 아닌데 뻐꾹새 소리
서럽게 짝을 부르는 그 소리에 부아가 치밀어
마침내 나는 귀를 버리고 싶어진다
귀가 없는 동안 말들은 명랑하게 자라 너에게로 가고
나는 좀 더 나에게서 멀리 떠나
새 귀를 갖고 싶었다

나의 불안을 흔드는 가망 없는 병들아

한때 우리가 빈번하게 드나들던
지옥으로의 소풍 따위는 잊고
세상의 명랑하고 경쾌한 소리들이여
뛰어라, 뛰어.

수박씨를 추억함

국도변에는 허가받지 않은 것들이
즐겁게 즐겁게
수시로 태어났다 명멸했다

옥수수수염이 말라가는 계절
감자며 삶은 옥수수를 팔던
도로변 천막 상점들과
도시의 기원인 달동네가 수시로 철거되었다

그 여름 끝
나는 폐허의 다리 아래 쭈그리고 앉아
달의 이면 같은 가짜 미끼로
수박 향 가득한 은어를 낚아 올렸다

그리고 수박씨 뱉듯
퉤, 퉤
멀리까지
욕설들을 뱉어내었다

그림자에 와서 죽다

큰 창을 가지고 있다는 건 유혹하기 좋다는 것
창이 큰 집으로 이사 온 후
몇 차례 새들이 창에 머리를 찧고 죽었다
창에 비친 나무와 숲 그림자에 앉으려다
헉, 허상임을 알아차린 순간 영면이다

빛이 찬란한 날은
그림자도 그늘도 맑아
죽기에 좋은 날

어떤 날은 숨이 미처 떨어지지 않은 새를 물고
들고양이가 뜰을 빠져나간다
그에겐 뛰어들 그림자가 없다
의지보다 먼저 야생에 닿기 위해
그림자가 없는 쪽으로 기운 것들

술 취한 인형들이 창 안에서
창밖을 오래 내다보며

창에 비친 그림자와 멸망 직전의 그림자에
손톱자국을 낸다
야생을 밀어낸 자국이 깊다

백일홍 등 뒤로 오는 어둠

더위 끝, 붉은 꽃 피는 줄 모르고 피었다
화상 입어 검은색 반 흰색 반인
초등학교 적 담임선생님 손등을
배롱나무 줄기에 겹쳐놓으며
쉬이 오는 어둠을 견딘다
황급히 기둥 쪽 흰 부분만으로
일개미들이 줄지어 왔다가 가기를 수차례
마음만 오랫동안 두던 사람을 만났을 때처럼
낯이 뜨거웠던가
반대편에서 오는 누군가를
황급히 외면하는 얼굴들

붉은 꽃이 차츰 어두워져 자신을 탈색하는 시간

이국의 소수 종교로 개종했다는 옛 애인의 소식이
백일홍 꽃잎 날리듯 경황없다

백년이라는 말

한 번도 내부수리를 한 적 없는 듯한 선술집에서
곤계란을 먹는다
껍질을 깨본 적도 없는 부리와
창공을 경험해보지 못한 날개와
단 한 번도 땅을 딛어 보지 못한 발바닥

그는 세상을 깨지도 않았고
분노하거나 용서하거나 애쓸 겨를도 없이
곧바로 다른 세상으로 가버렸다
저 신성의 솟구침을 소금에 찍어
우적우적 씹으며 둘러앉은
불안과 우울로 결속된 나약한 패거리들

나는 그들의 말을 헛돌며
누군가 낡고 때 낀 탁자 귀퉁이에 써놓은
"百年만"이라는 글자를 들여다본다
그리고 소리죽여
'백·년·만' '백·년·만'이라 발음해본다

목련 위 흰눈

작심한 듯 주먹을 움켜쥔 아이처럼
조금씩 아주 조금씩 말을 건네는 설렘처럼
지나가는 바람에 시비를 거는 건달처럼
그렇게 그렇게

백내장 수술을 한 외할머니가
두툼한 안대를 하고 빼꼼이 삼월 목련을 보는데
그 애미보다 일찍 세상 같은 건 버린
내 엄마는 탱탱하게 물이 오른다

먼 데 사는 혈육이 몹쓸 병을 앓고 있다는 소식
막 목련 벙그는데, 그 위에
눈이 얹힐 거라는 예보가 막막하게 들려오는
오, 낯선 저녁

또 한 시설이 탱탱하게 쥐었던 주먹을 풀며
으앙으앙 운다

배롱나무를 편애하여

동쪽을 포기하고 북쪽으로만 가지 뻗는 배롱나무가 있었지
햇감자를 삶아 저녁으로 먹으며
불을 켠다는 것은
옷 하나를 벗는 것이라 생각하기도 했지

멀리 있는 친구에게 배롱나무 한 그루를 바라보는 시간은
밥을 먹지 않아도 배부르다고 전화를 하려다 그만 두었다네

북쪽으로만, 빛의 반대방향으로만 가지를 뻗는 그대여
저 절벽을 각인하는 굴성(屈性)의 고집이여

발바닥 각질 벗기듯 저녁의 이마를 밀며
왠지 맛도 없는 눈물을 꾸역꾸역 삼키며
어떤 순간은 키득키득
몸매 매끈한 배롱나무 허리를 간질이기도 했다네

폐허, 점집 앞을 지나며

오래된 공장 지대나 빈집을 지날 때, 혹은
오래전 문 닫은 점집 마당을 지날 때,
인기척들이 떠난 곳은 모두 폐허인 줄 알았다.

출입문이 좁은 전통도 없이 낡은 식당에 앉아
국밥을 먹는 당신과 내가
가끔씩 메마른 말들을 주고받을 때

불쑥 머리를 쳐드는 것
붉은 잇몸을 드러낸 채
야생의 날숨을 쉬며 엄습하는
빛나는 폐허의 무리들

이상도 하지!
지칠 줄 모르고 솟구치는 폐허의 폐허에
뱉이놓은 욕설이 푸르디푸르게
증식하다니

발아하는 폐허여
나를 향해 주술처럼 일어서는 공포여
또 어느 날 인기척 없는 점집 앞을 지나며
실로 폐허는 살찌고
나의 휘파람은 야윈 것을 알겠네.

고추꽃 피는 시절에

개들이 빈 가방을 물고 와 반나절을 씹어대는 여름날

일렬종대나 횡대로 서서
고추대궁 흰 꽃들 피워 올린다.
어떤 이별은 맵고도 쌉쌀하게 와서는
부끄럽게 익어가고
항상 곁에 서 있었으나
한 번도 손잡아 본 적 없는 말들만
입안에 얼얼하게 남았다.

무수히 사랑했으나 공평하게 나눠 쓰지 못한 시절들이
저마다 다른 크기로 슬픔 같은 것을 맺어
더 맵기로 작정한 씨앗들 푸른 몸피 속에 드는데

늦게 나와 일찍 병드는 여린 고춧잎들을 떼어내며
또다시 내 편이 아니었던 흰 시절을 건너며
꽃 피고 꽃 지는 그 질문에 답하지 못해
저 맵고 아린 꽃들의 초입을 한참 서성거렸다.

제2부

마당에 징검돌을 놓다

물빛 마당,
물빛 마당에 징검돌 몇 개 놓고
발목을 걷으며 걷으며 걷는다
찰랑이는 물결 대신
그 옆에 곁이라는 말도 놓고
말과 말들이 부딪히며 내는
단내 같은 것도 놓고
돌과 돌 사이의 간격 같은 것도 놓고
아름답지 않았던 한 시절도 놓아본다
이렇게 돌을 놓고 쪼그리고 앉아
어떤 궁리 같은 것들은 바닥까지 버리며
한 발이 닿기 무섭게
다른 발을 떼며
물빛 마당
물빛 마당을
사뿐은 깨금발로 겅중겅중 건너뛰며
돌과 돌 사이를 딛는 발끝은
못내 사뿐하다

북극, 초야(初夜)

잠시, 환영(幻影)이었던가
문을 열면 구월의 벌판처럼 메밀꽃들이 환하게 쏟아졌다
너에게 닿고 너로부터 떠나는 길은 눈바람 섞어 치는 외길
가끔 길은 자신을 구부려 겸손하게 몸을 뒤척이고
나는 지그시 눈을 감은 채
속살 감춘 그녀의 가장 은밀한 부위에 숨결을 얹어본다

빙산의 일각만이 닿는 검은 해변
발자국을 남기지 않으려 뜨겁게 해변을 건너뛰는 새여
저 뜨거운 해변을 건너뛰려고
새들은 얼마나 처절하게 경쾌해져야 하는가

거기, 그 앞에서 발자국 기울여 몸을 엎지른 채

내 생의 가장 뜨거운 질문에 한 발 늦게 도착하고야 마는
나는

지분거리는 눈발 털어내며

>

흰 분칠한 초야의 신부 같은 당신의 얼굴에
절실했던 말들을 놓아본다

백일 동안의 그늘

집을 짓는 일은
마음을 짓는 일이라고 어떤 선배는 말했다
그러나 마음을 헐어 겨우 집 한 채 짓고
뜰에 배롱나무 한 그루 들인다
무어 감출 게 그리 많은지
이름을 몇 개씩이나 가지고 있는 그 나무
어떤 이는 백일홍나무라 하고,
어떤 이는 배롱나무라 하고
어떤 이는 간지럼나무라 한다
한번 꽃피면 그늘도 백일 동안 붉어 발밑이 환할 터
그 백년도 아니고 백일을 살다 간 꽃그늘 아래
이편에 서 있는 나와
저편에 서 있는 아내가
서로서로
부끄러운 얼굴 반씩 가리고도 남겠다

푸른 물감

"기도가 내 기도가 부족해서
아들이 교회에 나오지 않는다"는
친구 엄마의 혼잣말을 들으며
일요일 오후 야트막한 야산에서 두릅을 딴다
온몸에 가시를 두르고 몸을 내주는 꼴이
허방처럼 흐르는 개울물 같고
한 가지에 꼭 하나씩만 붓끝 같은 촉을 밀어 올리니
저 염결함에 거룩이란 말도 어울릴 듯하다.

가시 돋친 몸통을 잡고 허공에 쓰는 봄날의 빈 성문 같은 시
가시 돋친 몸피의 안쪽이 궁금해
굳이 천식이 깊은 친구를 곁에 세워두고
충만한 기도는 어디까지 닿을까
불량한 이웃처럼 저녁이 오는데
작은 촉을 떠받들며 뿌리부터
한 지씩 푸른 촉을 밀어내는 그런 봄엔
또 한 기약이 꽃처럼 피었다 지겠다.

몸, 연민에 닿다

마치 가택연금 당했던 것처럼 금기의 말들이
한꺼번에 튀어 나오는 시간

내 몸에서 가장 멀리 있는 것,
아니 내 입에서 가장 멀리 있어
닿지 못하는 곳

새벽에 깨어
탱탱하게 불은 저 안쓰러운 말들을 만져본다
저녁밥을 짓던 그녀가 왔다 갔고
골목에서 마주쳤던 한 여자가 왔다 갔고
울면서 꽃을 버린 한 여자도 왔다 갔고
혁명을 꿈꾸던 사내들도 왔다 갔다

이데올로기가 한 시대를 자꾸 감옥에 가두어
혼자서는 이 부풀어 오르는 분기탱천한 말들을
어찌할 수 없다
서로들 쉬쉬하며 금기시하는 말과 그 공화국은

늘 가까이 있건만
유연한 당신의 입과 몸은 멀리 있다

탱탱하게 불고 불어도 어찌할 수 없는
검열당하는 연민이여
한겨울에는 별들이 더
북쪽하늘에 치우쳐 떴다 사라진다

밤을 줍다

긴 외출에서 돌아오니 누군가
뒤뜰 밤나무 아래 풀을 베었다
추석이 가까워졌다는 신호겠지
가시를 안고 밤들은 맹렬히 떨어졌고
고요는 깨지기 쉬운 사기그릇처럼
맑은 소리를 낸다
풀은 베어지고 순식간에 피가 말라버린
저 불편한 죽음과 쓰러짐

풀은 베어지고
동물의 왕국에서 가끔
누떼가 사자를 전복한다

숨을 곳이 없어진 많은 부끄러움들이
야음을 틈타 돋아나고
밤이면 한 치씩 자라는 가시를 이면하며
새벽엔 이웃집 노인이 밤을 주우러 왔다 가고
저녁엔 순해진 가시를 밟으며

내가 밤을 줍는다

나이테 위에 꽃잎을 얹다

삼월 삼짇날
나는 아랫목 덥힐 나무를 자르고
아내는 진달래 꽃잎 따
화전을 부친다
아직 해동이 덜 된 참나무를 자르며
톱질 속도를 높이며
나이테 사이를 건너뛴다
나이테와 나이테 사이의 풍상을 건너뛰고
나이테와 나이테 사이의 침묵을 건너뛴다
한세월을 저렇듯 가볍게 뛰어넘어,
엄마야
육십을 갓 넘기고 세상을 뜬 엄마야
나는 얼룩진 교과서 몇 장 찢어
아궁이에 불을 들인다.
"연세 드신 나무를 함부로 베면 동티난다"는
말씀 달게 받으며
삼월 삼짇날
나이테와 나이테 사이

앞산에 불 놓듯 활짝 핀 꽃잎 꽃잎들
놓아 놓아본다

야무나 강가에서

발가락에 탄성을 모으며 새들은 걸어서 강을 건넌다
여기서는 남녀노소 할 것 없이 물살의 애무를 받는다
젖은 몸을 바람이 다 지나갈 때까지
생이여 생이여 크리슈나여,

내 안의 열망이 삭정이처럼 툭툭 부러지는 저녁이다
물속도 물 바깥도 다 인간의 맨몸이 지나간 곳
키 작은 풀이 자라는 강가에 나를 세워두고
나는 내 몸을 만져본다
낡고 엉성한 새집에서 새알 몇 개가
어미의 날개를 받치고 있다
그리하여
강의 끝까지 가 보리라던 나의 궁리는
여기서 끝난다

턱, 목울대가 뜨거워지는 순간이다

청양고추

저것은 응축된 눈물의 결정
저 맵디매운 속내로 한동안
내 믿음이 옮겨갔던 것인데
당신의 몸 쪽으로 귀를 옮겨갔던 것인데

당신과 마주 앉아 찬물에 밥 말아 먹던 시절
세월은 독하게 이별 쪽에 닿고
서로 사랑을 베어 먹으며
고통에 중독되던 시절도 있었지

지금은 상강(霜降) 무렵
입안이 얼얼하게 바람이 들어차고
자주 당신을 생각할 때마다
가혹하게 보충되는 눈물, 눈물들

원통(元通) 지나 간다

당신을 기다린다
원통 터미널 옆 충성마트 앞에서
누군가에게로 통한다는 건 '원통'한 일이라는
생각도 해보면서
충성마트 쇼윈도에 진열된
군인 용품을 찬찬히 훑어본다
사단마크 위로 막막함을 견디던 시절이 지나 간다
어디로 가는 버스를 기다리는지
젊은 아들은 애비를 대합실에 남겨두고
골목 어귀에서 심지가 빨갛게 달도록
담뱃불을 당긴다

당신을 기다리는 동안
많은 것들이 원통 지나 간다
다시는 오지 말아라
원통 지나 멀리 간 것들
달방을 전전하던 꿈들

>

진눈깨비가 눈발로 바뀌는 시간
당신을 기다리는 마음도
끝내
원통 지나 간다

화장(化粧)

몇 년 전 불에 온 산이 타버린 그 산
그 산은 몇 번의 근친상간 후
숲을 이루었다
햇볕 좋은 늦봄
평상에 앉아 젖통을 드러내고
낮술을 마신다
종이컵을 자주 갈아 술을 따르며
불을 안고 달래며 어르던 산을 마주해본다
종이컵이 축축하게 젖어
덩달아 지문이 젖고
민낯의 그늘마저 젖는다
불탄 기억을 가진 산
꽃 시절 같은 건 잊으라는
메아리들 먹먹하게 가슴을 치며
한 시오리쯤 간 후
평상 귀퉁이에 앉아 화장을 고치던 중년의 여자는
얼굴에 부끄럼을 타는 중이다

어느 도예가의 죽음

그는
항아리를 만들고 나무를 만들고 꽃을 만들고
술 먹는 개나, 불구의 사람을 빚기도 한다
어떤 날은 자신이 살고 싶은 마을을 만들어
고요히 굽는데, 노릿하게 익은 집들과 산과 길들,
강물도 익고 익어 수분은 증발된 채 바닥만 남았다
강바닥에 주름이 많은 걸 보니
강은 여러 개의 근심을 안고 왔구나
한 주름이 다른 주름을 밀고 밀었구나

파도여, 마침내 파도여
큰 주름과 잔주름 사이 사이
신성이 솟구친 자리를 빚고 굽는 그대여
다시는 돌아갈 수 없는 길
그대가 빚어내는 빛나는 편도(片道)여
한번 뒤돌아보고
내내 굳어버린 마음이여

한 죽음을 기울이다

재래시장 골목,
플라스틱 다라이에 반쯤 담긴 미꾸라지
개중 몇 마리는 있는 힘 다해 공중을 솟구치다
맨바닥 쪽으로 떨어진다
자기의 몸을 버리는 순간이다
목을 매지도 않고, 단지 정지될 몸을 거부하는 것이다
하여, 죽음 쪽으로 굳이 안간힘을 기울이는 저 전폭적 행동을
나는 물끄러미 본다, 보기만 한다
지금은 서둘러 집으로 돌아가야 할 시간
허리에 유난히 힘을 주고 숨을 속으로 가두며
제 몸 둥글게 말아 마침내 자신을 정지시키는 처절함

내 허리 부근에 뻐근한 것들이 모인다
어젠가 그녀가 떠나고 냄새만,
지독한 냄새만 남아 오래 떠돌던 날의 기억이
문을 닫고 골목을 나가는 늙은 그녀들 뒤를 따라 나간다
그 골목 끝에선

때마침 지나가던 구름이
찢어놓았던 자신의 몸을 다시 붙이며
북북…북북…
서쪽으로 서쪽으로 급하게 몰려간다

전지

둥글고 큰 잎에 세 들어 사는 늙은 세입자처럼
늘 그늘 아래를 걷다 거리에 나가니
머리 자른 가로수들 줄맞춰 서 있다
대학 시절 학생운동하다 아버지에게 들켜
강제로 머리 깎인 여자 친구 생각이 나
피식 웃음이 나오는데 저것들도
무슨 일 많은 것들과 대결하다 머리가 잘렸나
이런 생각에 그 잘린 머리에 빨간 머리띠를 묶어준다
머리채를 잡고 통곡할 일도 없는데
푸른 하늘에 맨살을 드러낸 너를 보니
자꾸 눈물이 나는 것은 내가 세월을
잘못 살았거나 세월이 내게 잘못 왔거나
그런 것이겠지, 그러나
서러운 것은 아니리
절 뒷마당에서 머리를 깎으며
조용히 한 생을 내려놓는 젊은 수좌와 같이
끝내 서러울 일은 아니리
그저

얼추 다 큰 새끼에게 빈 젖 물리며
늙은 애미가 자식과 이별하듯
등을 떠미는 일과 같으리

못물 댄 후

못물 위에 못비 내리고
그 위에 하늘이 펼쳐지고 구름이 흘러가고
거기 비친 내 얼굴도 흘러간다
못물 위에 못비 내려
찰랑 한순간 물이 넘칠 때
너를 잡고 있던 내 오른손을 놓친다
애인이여, 봄부터 가을까지
부르튼 애인이여
나는 그 물빛에 발목을 담그지 않으려
얼마나 기를 썼던가
그 얼마나 오랫동안 타지를 떠돌았던가

멀리 국도 위 훈련소로 입대하는
사내들의 파랗게 깎은 머리 위로 또 비가 내려
못물 위를 서성이던 나도
논 한 귀퉁이에 물길 터주고
못물이 닿는 먼 곳까지 가본다

화투

꽃피는 시절에 꽃을 버린다
한창 나이인 베트남 처녀도
이리저리 눈치를 살피며
옆집 할머니의 훈수를 받아
서툴게 꽃을 버리는데
낱장불입처럼
아쉽다
마치 잘못 버리는 패처럼
망설이다 망설이다 끝내 져버리는 꽃잎들
면소재지 마을회관에 걸린 국기를 찢어버릴 듯
바람이 몰아치는데
좀체 방향을 바꾸지 않는 저 바람들처럼
타향을 견디는 생은 어쩌면
Go—
아니면
Stop

쌀점

몇 톨 쌀을 던진다. 잘 닦인 밥상 위에.
관능적으로 쌀알이 흩어지고
한번 지나간 운명은 돌아오지 않는다
반복되지 않는 난파된 바람들
몇 개의 불운을 삭제하고
다시 한 손에 주술을 들어 너에게 던진다

낡지 않는 것은 바람이고 바람이며 또
바람밖에 없으니
마침내 바람이여
내 쪽을 향해 누운 쌀눈을 감기며
불편한 심기를 돌아 눕히는 동안

허송세월, 허송세월

나는 시대착오적인 종속처럼
다시 밥상 위에 던져진다

제3부

대설경보 이후

작은 것이든 큰 것이든 만삭으로 부풀었다
스스로 자신이 씨앗이 되어 묻히는 시간
처마에서 십이월을 인내한 곶감들은 씨방으로 들어가는 중

나이 많은 애비는 식솔들 앉혀놓고 화투를 치는데
펼쳐놓은 홑청 같은 꽃무늬들 앞에서
각자의 바람을 감추어 보는 나약한 속내들
식솔들의 패를 가장이 꾸역꾸역 받아먹는 동안
마침내 서로가 가난해지는 가족들

얼룩이여. 얼룩이여.
너에게로 전해지는 지린내 나는 얼룩이여
해산의 기약도 없이 부풀었던 만삭의 몸이
다음 그 다음날 어떤 기미들에 소멸될 때,
참다못해 얼룩을 슬쩍 비켜 앉아 얼룩의 자리를 보는
못내 화끈거리는 눈동자들

불편한 겸상

새끼 돼지 열 마리와
어미 돼지 한 마리가 그려진 그림이 있는 백반집

여덟 마리는 젖을 물고 있고 두 마리는 자신의 형제자매에 깔려 있는 그 풍경과 한참 동안 마주 앉아 밥을 먹는다 바깥은 추워 손님이 들고날 때마다 김이 서려 어미 돼지 얼굴이 잠깐씩 들락거리는데 나는 상 위에 떨어진 밥 몇 톨과 형제자매에 깔린 어리바리한 두 마리 돼지를 외면한 채 앉아 먹던 밥을 마저 먹어치운다

못내 불편한 저 엄혹한 서열과
마주한 겸상

상포계를 하는 옆 탁자의 여인네들은
한 여자의 말끝에 숨넘어갈 듯 웃어제끼는데

물이 불을 새도 없이 퍼 올려 바닥이 늘 덜그럭 소리를 내던 오지 마을 공동우물의 기억이 어미 돼지의 한 켠에 놓인다

될 수 있으면 빨리 더 빨리 외곽을 딛으며 가려던 걸음이 한
가계의 밥상 앞에 멈칫 선다

표곳대가 있는 앞마당

흰 포자를 온몸에 넣고 한 세월을 서 있는 나무는
죽어서도 피와 살을 말려 버섯을 피우니
어릴 적 불 주사 맞던 날 생각난다
생살에 불을 대던 시절
마을엔 얼굴이 곰보투성이인 어른들이 유난히 많았다

한번 지나쳐 온 세월로는 결코 돌아갈 수 없으니
흰 약을 쟁여 넣은 나무들이 서로 기대 있는 비닐하우스를
지나쳐
어느 막돌탑이 있다는 골짜기로 간다
누구는 쥐손이풀을 익모초라고도 하고
며느리밑씻개라고도 하며
일행들과 양보도 없이 좁은 길 걷는다

내 입에서 식물의 이름이 지워졌다
새롭게 잎이 내어나는 동안
우리는 밤새 슬픈 노래를 겨루었다
오래된 표곳대가 서로 몸 기대고 서 있는 마당이 있는 집

에서

나보다 더 슬픈 노래를 부른 사람에게
박수를 보냈다

통점을 걷다

허리 수술한 아버지를 뒷자리에 태우고
7번 국도를 간다
공룡의 화석처럼 피와 살과 근육을 버려
구간 구간 마디가 선명한
흰 뼈 같은 길
휘어지는 마디에 살점처럼 붙었다
소멸하는 집들 그래도
그 길의 언저리에는 멸망을 밀어내는 종족이 있고
등 푸른 생선을 널어 말리는 여인이 있네
하얗게 뼈를 드러낸
초저녁 길을 디디며 철렁 내려앉는 마음이여

마디마디 길의 압점을 돌아 나올 때마다
당신은 몸을 앓고
못-내 나는 길을 앓고야 마네

알몸에 손을 얹고

우체통 빨간 지붕 밑에 새집 하나
털도 나지 않은 알몸의 새끼들이 지키는 여름 오후의 집
그늘이 망을 봐주는 사이 어미와 애비가 다녀가고
빨간 알몸들은 안달이다
여덟 섬 넉 되의 엄마 젖을 먹고
한 시절을 지나온 내가
저 빨간 알몸의 새끼들을 애써 외면하며
내 몸의 병보다
먼 곳에 있는 한 사람의 병을 걱정하는 동안에도
위험하고 위태로운 것들이여
찰랑이는 물동이를 이고 가는 여인처럼
나는 불편한 시선을 바꿀 수 없다

출렁 한번 흔들며
몇 개의 궁리를 굴리고 또 굴려
저 알몸과 식별하는 시간은
내 몸에 손을 얹는 순간,
한참 숨이 멎는 동안

백야

가장 뜨거웠던 한 시절이 지나가고
내 생의 한때였던 당신이 지나가고
막막했던 순간들 지나간 뒤
화산재들은 먼먼 과거를 빙하에 퇴적한다

꼬박 이틀을 내리고도 아직 내릴 눈이 있고
꼬박 이틀을 침묵하고도 더 침묵할 날들이 있었으나
내 눈물은 유목민의 음식처럼
짜고 낯설고 딱딱했다

어둠이 긴 계절에 너를 만났으나
백야의 환한 고독도 알 듯해

오래 견디기 위해 온몸을 염장하는 소금창고 곁에서
녹지 않는 슬픔을 알아버린 후 가진 절망과
극지의 눈물 또한 다르지 않으니

오래 아주 오래

말 대신 하얀 입김을 뱉어내는 북극의 말(馬)들 곁에서
영하를 잠입하는 기막힌 날들

멀리 가는 울음

바늘이 쏟아질 듯한 전나무 숲을 딛고 와서
아니 바늘의 그늘을 겨우 딛고 와서

마침내 서보는
월정사 팔각구층석탑 앞

한 층 더
한 층 더
당신의 모든 간절함 위에 딱 한 층 더
낮달 슬쩍 얹어놓고 가는 바람

종을 때리고 가다
끝내 자신도 울고야 마는 바람 배웅하며
손끝이 떨리는
문수, 문수보살이여

마음의 보풀
—바라나시에서

이곳 사람들은 축제가 있는 날이면 연을 날린다
신들이 세상을 지배하기 시작한 후
강은 버릴 듯 말 듯 타다 만 주검을 안고 흐른다
어딘지도 모르게 내 주술을 기대며
무릎에 발진이 일도록 강가를 걷는 새벽,
나는 남의 죽음을 엿보다 들킨 몸처럼 경황없다

비루먹은 개들이 화장을 지켜보는 동안
쓸쓸한 눈을 거두어 몸속에 넣는 시간은
고목에 붙은 불처럼 등이 뜨겁다

비상의 정점에서 몸을 놓는 연들이여
꼬리를 자르며 다투어 강물로 뛰어드는 꽃잎이여,
축제를 지켜보던 바람은 인간의 주검을 태운 재를
마을 쪽으로 날리며 골목을 빠져 나가는데
신들의 얼굴을 닮은 연 몇 개
또 뒤뚱뒤뚱 하늘을 오른다

독거의 방

아버지가 물려준 벽걸이용 시계는 내 나이보다 많아
한 번도 시침과 분침이 겹치지 못한다.
아니 겹치지 않는다.
세월이 흐르면 저절로 알게 되는 것과 잊히는 것들
서로가 제 갈 길로 가는 시침과 분침이여
저들도 한때는 서로를 밀고 밀며 고단함을 위로했을 터

미숙한 의사가 꿰맨 수술 자국 같은 흉터들이 떠도는 방
아무도 없는 방에 혼자 누워 시계의 수명을 세어보니
내가 사랑했던 것들은 소멸 쪽으로 기운 지 오래되었고
어둠이 걷는 바깥은 참으로 차고 딱딱하구나

가끔 눈을 닦고 벽과 마주하면 벽지도 어느새 주름이 늘었고
나는 오랫동안 먼지 쌓인 모서리의 통곡을 외면하였구나
분침을 외면하는 시침이여
관절염을 앓는 밥상이여
어긋난 것들의 간격 위에서 번식하는 거미줄과
몸의 안쪽으로 페달을 밟는 비명들이여

끝내 나는 아무리 문을 닫아도 새어 들어오는 바깥의
바깥이 되고야 마네

꽃구경

옷장을 연다, 거기 내가 사랑했던 한 시대가 걸려 있다.
저 통시적인 불편함들이 붉은 꽃무늬로 장식된 봄
나는 겨울 외투를 벗고
지나간 시절 한 벌 꺼내 입는다.
순간 화사하게 번지는 무늬들, 붉은 꽃들.
겨울옷을 입은 나와 봄옷을 입은 나무들은
서로 건너다볼 뿐 말이 없다. 말이 없어
옷장 앞은 잠시 침묵이고 침묵이 길어지면
저 어색을 달아나기 위해 나는 고민할 것이다.
색 다 날린 봄옷을 입은 벚나무 아래서
생각해보면 아득하니
너는 너 쪽으로만 눈이 멀었고
나는 내 쪽으로만 눈이 멀었었구나

그리하여
서로가 낯설게 마주하며
나도 너도 알싸하고 분분하게 저물고야 마는구나.
마치 파경처럼 꽃잎이 지는구나.

가뭄

노인들은 며칠째
반신불수의 모과나무 아래서
자신의 그림자를 씹고 있다
더 이상 자라지 않는
목소리를 꺼이꺼이 꺼내며
어린 손자를 보호자 삼아
불편한 생을 기대놓고
해마다 열리는 개수가 줄어드는
모과 그림자들 바닥에 떨어져
위태로운 허공을 떠날 때

가뭄과 가뭄 사이
비와 비 사이
모든 사이로만 걸어가는 날들이 이어졌고
몸 한 채를 버리고
또 한 채의 몸을 얻은 매미들이
뜨겁게 떼창을 하는 날들이 있었다

저녁 자작나무 숲

어느 한 시절

하루는 태생부터 생긴 옹이를 따라 갔고
하루는 자라면서 생긴 옹이의 후생을 따라 갔다.
또 하루는 몸피에 닿는 햇볕을 따라 갔고
하루는 몸피에 닿지 못하고 미끄러지는 햇볕을 따라 갔다.
샛길이 너무 많아 더는 갈 수 없는 길은
나의 누추한 사랑처럼 금세 어두워지고

일찍 생의 초입을 닫고 누운 저녁 숲에서
나는 사랑을 찾아 나서기에도
실연을 찾아 나서기에도 이미 늦어버렸음을
후회도 없이 받아놓네.

한때 애인이었던 여자를 느닷없이 난전에서 만난 듯
경황없이 말 더듬으며 가장 빛나던 시절의 이면을
무릎 위에 앉혀보는데

오늘도 그때와 같이
희고 단단한 빗줄기처럼 서서
당신은 아무 말이 없네.
온몸에 자작자작 흰 멍이 드네.

난전에서 종(鐘)을 사며

소리도 수줍을 때가 있는지
가끔은 바람 소리보다 작거나 간드러질 때가 있다
오지의 오일장 만물상에서 주먹만 한 종 하나를 산다
만들어진 연대는 알 수 없는데 때가 곱게 낀 모습이
한때 멀리까지 소리를 보낸 적이 있을 듯싶다

난전에 서서 어묵을 먹거나
종을 사는 사람은 분명 외로운 사람
소리 내지 말라고 종 속에 건들거리며 걸려 있는
불알처럼 생긴 방울을 신문지로 감싸 가방에 넣고
꽤 오랫동안 걸었는데
죽여놓은 소리들도 걸어서 어디까지 다녀왔는지
돌아오는 소리는 이명처럼 애틋함이 배어 있다

시작과 끝이 다른 말들이 여기서 저기까지
원근을 뭉개며 갔다 온다
멀리 아주 멀리 갔다 온 소리는
오래 병을 앓은 한 인간을 안고 온다

단단한 눈물

망원렌즈로도 당겨지지 않는 수평선 너머를 당기며
그녀는 우산을 쓰고 해변에 서 있다
백사장 위에는 괄약근 풀린 항문처럼 느슨한
새들의 발자국이 바다 쪽으로 몇 개
또 민가 쪽으로 몇 개

어느 쪽인지는 몰라도
한번은 길을 잘못 들고
한번은 제대로 들었겠구나 여기며

나는 절정의 눈물을 단단하게 뭉쳐
그녀의 눈 속 깊숙이 앉힌다

유도화라는 꽃

버드나무 같기도 하고, 복숭아꽃 같기도 한
유도화라는 꽃나무
어느 따뜻한 곳을 여행할 때
정류장 부근 평상에 앉아 시간을 쬐는
한 할머니한테서 들었네
일명 협죽이라고도 한다더군
자신이 젊었을 땐
유산하기 위해 몇 번 달여 드셨다는,
이 지독한 이름의 꽃을……
그래도 용케 태어난 자식 몇은
앞서 세상을 가고
자신만 남았다는군

자신의 밖을 찌를 듯 흔들리는 잎들
이국의 어느 나라에서는 부처님 전에도
이 꽃을 올린다는네
죽은 지 몇 년이 지난 줄기도
물에 담가놓으면 뿌리가 내린다 하니

참 기막히기도 하여

그냥 관상용으로 심었다는 유도화 꽃 앞에 앉아
내게로 건너오는
할머니의 느린 맥박을 받네
유도 당하고 있네

일기예보

믿기도 어렵고
믿지 않기에는 더더욱 어려운

그리운 이가 오신다는
춥고도 추운
저녁 무렵

제4부

조화(造花), 여백을 접다

저 여백을 다 접어야
저 몸을 다 구겨야
그리고
미추(美醜)도
암수도
너와 나
그 모든 경계와 구별을 지워야
비로소
꽃으로 완성되는
오, 생로병사의
고집멸도를 다 건너온
고결한 몸이여

그대 앞에서 두 번 절하고
한 번 크게 운다

이목구비를 버리고

아이가 무엇을 그리기 시작할 때
그때 색연필 심에는 아이의 몸이 있고
아이의 머리가 있고, 그리하여 아이의 전부가 있다.
이목구비가 없는 둥근 모습
저 얼마나 크게 완성된 그림인가.
나무의 모습도 둥글어 마치 사람 같기도 하니,
너무 둥글어 그 위에 우주가 앉고도 남겠다.
저 그림이 오래 지나 색이 바래면
그게 곧 진화이고 종말이겠다.
번짐도 없이 단지 둥근 것
최초가 곧 최후임을 알겠다.

초저녁 방바닥에 배를 깔고 누워
연필심 하나로 나무와 얼굴에 맥을 짚어주는
아이의 모습이 우습다.
너무 우스워
핑 눈물이 돌 지경이다.

어떤 날

상강(霜降) 밑
근심 위에 근심 얹히듯
비 내린다
뿔 젖은 소들은 저녁 내내
구유를 들이받고
이웃집 여자는
백일홍 시든 꽃잎 위에 얹힌
그늘 몇 장 덜어갔다

인개가 시시히 긷히는 서편 산에는
금세 깊은 주름이 늘어가고
먼먼 친척 어른의 부고를 외면하며
나는 한 죽음에게 말[言] 한 됫박 얻어다
밥상머리에 모셔놓는다

그리고는 이내 서편을 등지고 앉아
사랑도 없이 수컷 만나고 온
도루묵 알을 정성스레 발라 먹는다

슬픈 육식

여름은 슬픈 육식의 계절

필시 애비가 다른 자식들을 앞세우고
종종걸음으로 나들이하는 암탉과
어미 닭을 따라가며 소리를 한 짐씩 부리는 병아리들
그들이 조금씩 어미를 밀어내고
조상을 밀어내는 동안 나는
부화하지 못한 계란을 깨뜨려 수탉들에게 먹인다

여름은 슬픈 육식의 계절
나는 배고플 때마다 등급이 낮은
붉은 고깃점 같은 눈물을
뜯어 먹었으나
눈물은 슬픔 쪽에서 한 치도 움직이지 않았다

잠에서도 불안을 버리지 못하는 예민한 가축들 등 뒤로
희고 창백한 달이 질 때까지
나는 내 몸의 목울대를 꺼내

한번 서럽게 울어도 보았다

여름은 슬픈 육식의 계절

바람에 떠밀리는 구름에서도
울컥 비린내가 나는
그런 여름은.

저녁 대나무 숲

덜 마른 빨래가 서걱이며 얼어가는 동안
언 빨래 너덜거리는 소매를 꿰매며
대숲이 출렁 출렁인다
다 잊었다고 생각했던 일들이
눈뭉치처럼 단단하게 뭉쳐져 내리고

간짓대에 걸린 빨랫줄처럼
대나무 끝 가지들이 휘어져
허공을 뜨개질한다

그 활처럼 휘어진 몸과 허공 사이는
바늘을 한 움큼 삼키고
그만 말을 닫고 싶은 간극
흰 눈이 포자처럼 정수리에 닿아
기억의 구멍을 빽빽하게 뜬다

가장 멀리서 말을 거는 나를
허리 굽혀 맞이하는 저녁이다

이발

어떤 사람은 세상을 등지려고 머리를 깎는다는데
나는 세상과 친해지려고 머리를 깎는다.
몸의 이력이 잘리며 툭 떨어지는 순간 어깨가 움찔 하는 사이
이발사는 경쾌하게 가위 소리를 내며
옆머리에서 정수리 쪽으로 가위질을 옮긴다.

나는
'바람에 맞서는 이발', '바람에 맞서는 이발'이라고
중얼거린다.

마치 위험하게
난간을 다 걷고 또 한 번 걷다 멈춰
민머리 같은 정수리를 마지막 햇살 반대쪽으로 기울여
온몸 쏟아질 듯 재채기를 하듯

바람에 맞서보려고 짧게 머리를 자르는 날
늘 정수리를 드러낸 이쪽의 상처는
저쪽, 저쪽을 받아 빛나고 있으니.

시소를 생각함

바람도 사랑의 기억도 귀뚜라미 울음도 다 기울어져 있다.
달빛을 맞으며 주고받던 말도
한쪽 무게를 이기지 못해 번쩍 들리고
너에게 건네던 말들도 기운다. 여기서는
백년이라는 말도 약속도 西로 가는 달도
바람 한 점 얹힐 때마다 한쪽으로 기울어져
얼굴이 파래진다.

며칠 전 죽은 친구의 운세를
오늘 날짜 일간신문에서 찾아 읽으며
"65년 생 어려운 일을 돌파할 수 있다"고 쓰인
문장을 반대편 시소에 앉혀본다.

한번 기울면 다시는 다시는
내 쪽으로 기울어 오지 않는 연민의 몸이여.

이렇게 차가운 달이 뜨는 밤엔
나보다 더 무거운 것들이 들어 올린 내 몸은 허공에 있고

반대편 시소엔 불길한 주술이 무수히
앉혔다 내린다.

수족관 앞 여관

몸통을 밀고 밀어
먼 바다로 가는 빛나는 꼬리들
수족관에 머리를 처박고 소리를 질러본다
넙치류들은 바닥을 기고
둥근 몸을 가진 것들은 자주
수면 부근까지 떠오르지만
그래봐야 놀랄 일도 없는 거기가 거기
단지 내가 지른 말들만이
수면 위를 먼지처럼 떠다닌다

그리고 어느 순간
굳이 나의 눈을 피해
다른 방향으로 유영하는 청어와
눈이 마주쳤을 때
나는 몸통이 중요하다고 여겨온
생각을 수정한다
내 불온한 절정을 수정한다

모음을 떠받치다

바람이 심하게 불어가는 골목의 간판들은 모음으로 발성한다.
가끔 자음의 발성이 있긴 하지만 그건 드문 일이다
아무도 눈치채지 못하는 사이 단골 술집 간판 이름이
'영자집'에서 '여자집'으로 바뀌지만 누구도 낯설어하지 않는다.
다만 바람의 감식가들만 그 사실을 알 뿐이다.
모음을 받치다 간 자음들, 골목을 비질하며 가는 바람들.
어쩌면 골목을 단골로 걷던 사내들이
그 숱한 자음들을 삼키고 갔는지도 모를 일이다.
이를 받치고 있던 잇몸이 우수수 무너질 때처럼
골목엔 협궤같이 긴 울음이 맞선다.

다시는 돌아오지 말아라,
자음을 버린 간판에 기대어 불러보는 나를 떠난 열망들.
꺼진 불 밑을 받치고 서서 안간힘으로 제 몸을 태우던 연탄들이
또 식은 열망들이 밤새 하얗게 서리를 맞으며 서 있다.

복장 터진다

잘생긴 바위들은 몇백 년 전에 부처로 가
법당에 모셔지거나 기념비가 되었을 테고
잘 뻗고 곱게 자란 나무들은 목불 혹은
집 한 채가 되었을 터이나
그 어느 쪽에도 들지 못해 울퉁불퉁한
돌산을 오른다.

죽음을 외치면 죽음이 여러 겹 오고
생을 외치면 겹겹의 생이 산을 타는 곳
'북대'*라는 투박한 집 한 채
내장이 있었던가 아니, 아니던가.
갈비뼈 환하게 드러낸 목불(木佛)의 복장을 들여다본다.
속을 다 빼고 또 몇 리를 더 갔는지
속이 새까맣다.

백팔 배 위에
삼 배를 더 얹으며
근질거리는 내 속 감추고 그 앞에 앉아 있자니

무게가 다른 눈발들
'북대' 위에 쌓이는 소리 들린다.

---

* 오대산에 있는 암자.

만 겹의 날개

백목련 지고, 자목련이 피기 시작한다
크고 실한 꽃들은 꽃 시절이 짧았으므로
죄지은 날들 또한 짧았으리
간밤에 꽃같이 환한 열망을 가슴에 달고
누군가는 다음에 올 누군가에 꽃자리를 내주며
한 생을 넘어갔으나
꽃을 버린 목련나무는 의연했다
이 의연함 앞에서
만 겹의 날개를 달고도 날지 않는
무쇠 같은 목련이여
꽃 피는 건 부럽지 않으나
꽃 지는 게 더 부러운
오, 팔랑 팔랑대는
만 겹의 봄이여

구멍

영하의 날엔 치질이 돋는다
군대의 기억이 항문에서 솟는다
한겨울 밭둑에 난 구멍들
긴 겨울을 준비한 미물들의 안간힘이다
저 어둠의 끝에 온기와 결기와 멈칫거리던 각오가
그리고 배고픔 쪽으로 기울던 발길이 있다
말을 참던 입도
배설을 참던 안간힘도
괄약근의 끝에서 망설이는 초저녁
긴 구멍 속에서 별이 되는 눈동자들
밖으로 튀어나갈 듯 팽팽하게
근육을 당기고 앉은 휘어진 구멍, 길
바람이 몸을 숙이고 간신히 들어와서
부드럽게 구멍 속 짐승의 등을 쓸어주는
출구가 없어 겸손한 막장
나는 그 구멍 속으로 오후의 그림자를 한번
길게 드리워본다

회전문

나는 너에게 잘게 씹힌다.
내밀한 속셈 속으로 한 발 들여놓는 순간
스르륵 문이 돌아가고
바깥은 차단되어 금세 어두워진다.

차단된 시간은
바람 부는 검은 비닐봉지들의 시간
속이 비어 가벼운 저 검은 비닐봉지 속같이 궁금한 저녁 시간
색과 면과 말랑하고 또 딱딱한 기억을 가진 시간

바람에 몸 부푼 스카이 댄서 현란한 춤에 넋을 팔며
가로등 노랗게 숙성되고
맑게 닦인 회전문이 이빨을 세워
사람들을 잘게 씹어 삼키는 동안

문틈에 낀 불안한 눈동자들이여
언젠가 한번쯤은 잘게 씹혔던 기억을 가지고 있는 몸이여

새삼스러울 것도 없이
안쪽에 서면 바깥이 어둡고,
바깥에 서면 늘 안쪽이 캄캄하다.

게들에게

'무장공자'라 했던가
그럼 속이 없으니 배알 틀어질 일도 없겠고
욕하거나 분노할 일도 없겠으나
산란기 암컷 차지하려고 싸움질하며
목숨을 거는 너를 보니
괜히 실없는 웃음이 나온다

죽은 게를 갈아 산 것들의 먹이로 주며
가끔 게딱지에 밥을 비벼먹으며
밥공기 같은 너와
밥공기 같은 너의 등짝으로 떨어지는
수백 번의 저녁을 생각하다가
저 당당한 가로지르기나
침묵을 위장한 내장을 생각하기도 한다

그리고 참있던 눈물을 곱게 싸
나를 너에게 들인다

해설

이곳과 저곳, 그리고 먼 곳

정병근(시인)

아침에 일어나면
멀리 타국에서 시집온 앳된 색시는
발목까지 빠지는 시오리 눈길을 걸어
아주 멀리 갔다는 소문이
집집마다 금기처럼 걸리는
그런 날이 있었다
—「엄동(嚴冬)」 중에서

시인에게 '이곳'은 이별의 세계이고 '먼 곳'은 그리움이 뻗어 있는 방향이다. 시인은 여기와 저기, 이편과 저편, 안과 밖을 넘나들며 그리움이라는 이생의 끼니를 잇는 소금장수이다. 김창균의 시 또한 이와 같은 도정에 놓여 있다. 지금 이곳은 몸과 정신의 환란이 끊이지 않는 곳이며 염원을 이루지 못하는 절망이 활개 치는 곳이므로 마침내 쓸쓸한 것. 그래서 시인은 이곳에 몸담고 있으면서도 저곳을 갈망한다. 저곳에는 누가 있는가. '그대(당신/너)'라는 대 인칭이 있는 곳이다. 한때 삶의 곡절을 나누었던 애인이고, 소중한 가족이고 그래서 더욱 그리운 사람이다. 이생에서는 못 만날 것을 알지만 생각하는 것만으로도 시인은 위안을 얻는다. 시에서 '그대'는 불후의 화두이다. '그대'는 현실을 견디며 살아가게 하는 까닭이고 동력이다.

> 너의 깊이를 가늠하려고 강물의 표면을 건너뛴다
> 이편의 힘을 실어 저편으로 보내며 날숨이 지나간 후
> 한 호흡을 던져 다시 한 호흡을 딛는다
> 당신의 이마를 걷는 훤칠한 아득함이여
> 그대를 다 건너뛰고 맞는 저녁은
> 물 끓는 소리에도 허기가 진다
> 뒤가 보일 정도로 얇아진 마음을 풀어
> 반찬도 없는 저녁을 먹으며
> 너에게 건네는 마디 하나
>
> 지문이 고스란히 박힌 수제비를 먹으며

주름진 이편을 들어 살짝 저편으로 옮긴다

—「물수제비뜨는 저녁 무렵」 전문

'물수제비'와 '수제비'의 중의적 화법으로 엮어간 이 시는 김창균 시인이 마주한 마음의 언저리를 잘 보여주고 있다. 시 속의 '그대(당신/너)'는 일렁이는 물의 심연으로 존재한다. 그 깊이를 알 수 없는 심연은 그대가 머무는 곳이며 '이편(차안)'과 '저편(피안)'의 경계에 있다. 심연은 빠지면 헤어 나올 수 없는 두려움을 내포하고 있다. 시인은 그대라는 이름의 심연을 건너 강 저편에 닿고 싶지만 현실의 삶을 지속하려는 마음 때문에 주저할 수밖에 없다. 심연에 드는 것은 곧 죽음을 의미하는 것이고 죽음을 감내하고 저편에 닿는다고 해도 그대의 마음이 어떨지 알 수가 없다. 어쩌면 그대에게 불경(不敬)을 저지를지도 모르는 일이다. 시인에게 강물의 심연은 저편에 이르는 장애요인인 동시에 건너지 말라는 간곡한 원망을 상징하는 것이기도 할 테다. '임이여, 그 강을 건너지 마오.'라는 「공무도하가」의 한 구절을 떠올리게 한다. 물수제비를 날리며 시인은 생각하다가 물수제비 돌에 자신의 마음을 실어 그대의 심연을 건너가는 상황으로 내면화하면서 수면을 튕기며 빠르게 차고 나가는 돌의 모양새를 생의 보폭과 호흡으로 전이시킨다. 그렇게 해서라도 그대의 마음을 살피고 싶은 고육책인 셈이다. "한 호흡을 던져 다시 한 호흡을 딛는" 것은 곧 인생이며, "당신의 이마를 걷는 훤칠한 아득함"이야말로 강을 건너지 못하는 본마음인 것. 물수제비로 "그대를 다 건너뛰고" 돌아온 시인은 수제비를 먹는 저녁을 맞이한다. 강을 건너지 말고 삶을 고수하라는 그대의 뜻이 담겨 있는 저녁이다. 시인은 "지문이 고스란히 박힌 수제비를 먹으며" 수제비 하나를 들어서 함께 식사를 하는 누구에겐가 건넨다. "주름진 이편을 들어 살짝 저편으로 옮긴다"는 구절로 보아 이 시에 나오는 그대는 함께 살아가는 가족 중의 한 사람으로 해석해도 무방할 것 같다. 앞서 말한 대로, 이 시는 중의적 화법을 구사하고 있는데 '물수제비를 뜨다'와 '수제비를 뜨다'의 통사적 연관성뿐만 아니라 납작한 물수제비 돌과 수제비의 형태적 유사성, 물수제비와 수제비를 '마디'로 동일화하고 있는 점 등이 어우러져 여러모로 의미를 발생시킨다. 그렇다면 '그대의 심연'은 '생활의 심연'이며 시인 자신을 북돋는 배경이 된다.

이쪽(이편)과 저쪽(저편)에 대한 시인의 천착은 몇몇 시편들에서도 지속된다. 다소 도식적인 가름이겠지만, 이쪽은 내가 있는 곳이며 저쪽은 네가 있는 곳, 즉 시인은 자신이 포함된 세계와 그 대척점에 놓인 또 다른 세계와의 끈임 없는 교통을 시도하고 있다. 그것은 안과 밖의 통찰로 나타나기도 하고 시소의 꼴로 비유되기도 한다.

① 어긋난 것들의 간격 위에서 번식하는 거미줄과
몸의 안쪽으로 페달을 밟는 비명들이여
끝내 나는 아무리 문을 닫아도 새어 들어오는 바깥의
바깥이 되고야 마네

—「독거의 방」 부분

② 바람에 맞서보려고 짧게 머리를 자르는 날
늘 정수리를 드러낸 이쪽의 상처는
저쪽, 저쪽을 받아 빛나고 있으니.

—「이발」 부분

③ 한번 기울면 다시는 다시는
내 쪽으로 기울어 오지 않는 연민의 몸이여.

이렇게 차가운 달이 뜨는 밤엔
나보다 더 무거운 것들이 들어 올린 내 몸은 허공에 있고
반대편 시소엔 불길한 주술이 무수히
앉혔다 내린다.

—「시소」 부분

①은 '안쪽'과 '바깥'을 대비(對比)하고 있다. 이 시는 제목에서 보듯이 독거인의 고적한 내면을 그리고 있는데 시계를 보며 쇠잔해가는 삶을 비관하고 있는 내용이다. "몸의 안쪽

으로 페달을 밟는 비명"은 생존의 단말마라고 할 수 있다. 독거인 자신도 여기에 포함될 것이다. 그러나 그는 점점 쇠잔해지고 삶의 생동으로부터 멀어지는 안타까움을 표현하려고 애를 쓰다가 마침내 "아무리 문을 닫아도 새어 들어오는 바깥의/바깥'이라는 모순 발성으로 절망을 극대화한다. 바깥의 바깥은 더 먼 바깥일지언정 결코 안이 될 수는 없다.

시인의 이런 생각은 ②에 이르러 빛이 지배하는 현세의 삶을 '이쪽의 상처'로 통찰하면서 "저쪽을 받아"서 이쪽(세상)이 빛나고 있음을 깨닫는다. 주관적인 존재인식을 넘어서 상대론적 존재증명의 순간을 맞는다. ③에 와서는 인생을 시소에 비유하면서 "한번 기울면 다시는" "내 쪽으로" 오지 않는 몸을 슬퍼하고 있다. '내 쪽'은 삶이 생동하는 곳인데 지나간 세월을 돌이킬 수 없음에 절망한다. '허공'에 뜬 몸은 중력을 상실해 가는 몸이며 점점 희박해지는 삶의 에너지를 의미한다. 그 "반대편 시소"엔 죽음을 재촉하는 불길한 것들이 앉아 있다고 독거인은 생각한다.

독거인을 통해 비치는 시인의 이러한 심사(心事)는 아래의 시에서 더욱 처연하게 다가온다.

> 옷장을 연다, 거기 내가 사랑했던 한 시대가 걸려 있다.
> 저 통시적인 불편함들이 붉은 꽃무늬로 장식된 봄
> 나는 겨울 외투를 벗고

지나간 시절 한 벌 꺼내 입는다.
순간 화사하게 번지는 무늬들, 붉은 꽃들.
겨울옷을 입은 나와 봄옷을 입은 나무들은
서로 건너다볼 뿐 말이 없다. 말이 없어
옷장 앞은 잠시 침묵이고 침묵이 길어지면
저 어색을 달아나기 위해 나는 고민할 것이다.
색 다 날린 봄옷을 입은 벚나무 아래서
생각해보면 아득하니
너는 너 쪽으로만 눈이 멀었고
나는 내 쪽으로만 눈이 멀었었구나

그리하여
서로가 낯설게 마주하며
나도 너도 알싸하고 분분하게 저물고야 마는구나.
마치 파경처럼 꽃잎이 지는구나.

—「꽃구경」 전문

봄과 꽃은 인생의 무상함을 한층 선명하게 부각시키면서 화무십일홍, 일장춘몽의 비감을 몰고 온다. 꽃무늬가 새겨진 봄옷들을 바라보는 '나(시인)'의 심사도 편할 리 없다. 세상으로부터 배제되고 소외되었다고 생각하는 나에게는 옷조차도 현재의 옷이 아니고 과거의 옷이 된다. 옷장 속에는 화사한 옷들이 얼마나 많은가. 아끼느라 못 입었던 옷들도 있을 것이다. 나는 봄옷을 입기를 망설인다. 밖으로 나간다고 한들 어색하고 불편할 것이다. “겨울옷을 입은 나와 봄옷을 입은 나무들은/서로 건너다볼 뿐 말이 없다.” 나는 어정쩡한 자세로 봄꽃들이 만발한 밖을 내다보다가 꽃잎을 다 떨군 벚나무(동병상련?) 아래에서 회한에 잠긴다. 그러면서 한탄과도 같은 깨달음을 얻는다. “너는 너 쪽으로만 눈이 멀었고/나는 내 쪽으로만 눈이 멀었었구나.” 그래서 “서로가 낯설게 마주하며/나도 너도 알싸하고 분분하게 저물고야 마는구나./마치 파경처럼 꽃잎이 지는구나.”라고.

이쪽과 저쪽을 넘나드는 시인의 시선은 어느 ‘먼 곳’을 응시한다. 서두에서도 언급했지만 ‘먼 곳’은 시인이 몸담고 있는 ‘지금 이곳’이 아니라 전일적인 평화와 안식이 실현되는 피안의 세계이다. 그곳은 어쩌면 이산의 혈육들이 사는 곳일 수도 있고 언약과 소망이 이루어지는 차후의 세계일 수도 있다. 어쨌거나 모두 갈 수 없기는 마찬가지다. 시인은 그 먼 곳을 바라보고, 애달파하고, 그리워하면서 가파른 인생을 다독인다.

‘천남성’을 생각하며 쓴 빼어난 시 한편을 감상해보자.

천남성
이것은 식물의 이름인데

천상의 죄처럼 아름다운 이름이다
밤마다 자신의 죄를 감추려고 하늘 귀퉁이에
부끄럽게 뜨다 마는
먼먼 조상을 앓고 있는 저들은
겨드랑이께 꽃을 품고
염증 많은 아버지의 뼈마디에 내려온다
민간요법처럼 기약 없는 날들이여
이것은 자주 옆구리께 담이 결리는 나에게도
풍 맞아 반쪽 몸만 성한 고모에게도
국수나 혹은 수제비로 온다

가을에서 겨울로 계절이 옮겨갈 때
근질근질한 독성을 염증에 붙이며
새삼 아련한 그리움이 있을 것 같은 저 먼 데를 편애하며
천남, 천남
하늘 남쪽에 뜨는 별자리 같은 데를 생각한다

—「천남성을 먹다」 전문

'천남성(天南星)'은 식물 이름이지만, 한자의 뜻으로 인해 하늘 남쪽에 있는 별로 생각할 수도 있겠다. 어원은 알 수 없으나 별 성 자가 들어가는 식물 이름은 흔치 않은 듯하다. 그렇다 하더라도 시인이라면 당연히 별을 생각할 것이다. 식물과 별을 연관시키는 것은 멋진 일이니까. 그래서 위의 시에

서도 "천상의 죄처럼 아름다운 이름"이라고 운을 뗀다. 그러고는 "밤마다 자신의 죄를 감추려고 하늘 귀퉁이에/부끄럽게 뜨다 마는/먼먼 조상을 앓고 있는 저들"이라며 한발 더 나아간다. 특히, "먼먼 조상"이라는 은유를 통해 '천남성이라는 별'과의 아득한 거리를 암시하면서 매혹적인 낭만을 끌어온다. 시인은 내친김에 천남성의 약성(藥性)과 몸의 질환을 연결한다. "염증 많은 아버지"와 "자주 옆구리께 담이 결리는 나"와 "풍 맞아 반쪽 몸만 성한 고모"를 슬며시 묶는다. 가족과 몸과 병은 생각할수록 가슴 저미는 단어들이 아닌가. 그러니까 천남성은 가족의 몸의 환란을 치유해주는 "먼먼 조상"과도 같은 존재인 것이다. "겨드랑이께 꽃을 품고"는 천남성의 꽃을 말하며, "국수나 혹은 수제비로"는 천남성 가루를 복용하는 방식을 의미한다. "근질근질한 독성"마저 천남성의 어진 천성일 테니 얼마나 고맙고 그리운 이름인가. 그래서 시인은 천남성을 생각하며 "새삼 아련한 그리움이 있을 것 같은 저 먼 데를 편애하며/천남, 천남/하늘 남쪽에 뜨는 별자리 같은 데를 생각"하게 되는 것이다. 이 시는 천남성이라는 식물의 독특한 이름에서 출발하여 천남성의 약성과 가족의 아픈 몸을 잘 연결한 수작이다.

이밖에도 '먼 곳'을 응시하고 그리워하는 시편들이 보인다. 내리는 눈을 받는 대나무의 모습을 보고 "그 활처럼 휘어진 몸과 허공 사이는/바늘을 한 움큼 삼키고/그만 말을 닫고 싶은 간극"이라고 묘파하면서 "가장 멀리서 말을 거는 나를/허리 굽혀 맞이하는 저녁이다"(「저녁 대나무 숲」)라는 결구로 겸허한 성찰을 이끌어내고 있다. "가장 멀리서 말을 거는 나"는 새롭게 발견한 대자적 존재(자아)라 할 수 있다. 한편 「난전에서 종(鐘)을 사며」에서는 "시작과 끝이 다른 말들이 여기서 저기까지/원근을 뭉개며 갔다 온다/멀리 아주 멀리 갔다 온 소리는/오래 병을 앓은 한 인간을 안고 온다"며 치유와 재생의 종소리를 노래하고 있다. 이처럼 시인에게 있어서 먼 곳은 누군가가 앓고 있는 간절한 그리움이 있는 곳이며 시인의 생몸(!)과 가장 가까운 근친들이 있는 곳일 테다.

김창균 시인의 이번 시집에서 또 하나의 중요한 축은 '고립의 미학'을 꼽을 수 있겠다. 「대설경보」를 필두로, 「석류」, 「엄동(嚴冬)」, 「북극, 초야(初夜)」, 「대설경보 이후」 등이 그 축을 형성한다고 볼 수 있다. 「대설경보」는 제목만 보면 얼핏 최승호 시인의 「대설주의보」를 생각하게 한다. 그러나 두 시를 비교해서 읽어보면 분명한 차이가 있다. 우선 '경보'는 '주의보'보다 한 단계 높다는 점에서 다르고(김창균 시인도 이 점을 염두에 두었을 듯), 「대설주의보」가 "눈보라가 내리는 백색의 계엄령" 즉, 군부독재를 상징한다면 김창균 시인의 「대설경보」는 고립과 단절(불통)을 은유하고 있다. 그의 고립은 어쩌면 자발적인 것이기도 해서 세상의 중심에서 일정 정도의 거리를 두고 살아가는 사람에게서 풍기는 염결성 같은 것이 느껴진다. 대도시 사회는 이러저러한 관계와 사건이 만들어내는 소음으로 하루도 조용할 날이 없다. 도시의 시들도 점점 파편화하고 사변화하면서 자기 해체의 옹알이만 반복하고 있다. 창조적 파괴가 아니라 난무하는 말의 확대재생산에 가깝다. 이런 때에 김창균의 시들은 청량제와도 같은 역할을 한다. 시인의 '고립정신'이 아름다운 시편들을 빚어낸다고 생각한다.

우선 「대설경보」부터 보자.

유리창에 머리를 박고 죽은 새를
미처 묻기도 전에
눈이 내렸다
하늘을 쳐다보면
마치 지상의 불빛을 행해 달려드는
흰배추나방처럼
눈송이들 달려들고
전폭적으로
비상식량 같은 뉴스에 나날을
기대는 날이 있었다

눈과 귀만 열어놓고
말문은 틀어막으며

기막혀라, 기막혀라

배달부가 마당에 함부로 던져놓고 가
펼치면 모든 면이 쏟아져 내리는
젖은 신문을
받들어 받들어 버리는
그런 날이 있었다

—「대설경보」 전문

이 시는 강한 알레고리를 내포하고 있다. "유리창에 머리를 박고 죽은 새를/미처 묻기도 전에/눈이 내렸다"는 첫 문장부터 어떤 비극의 서막을 암시하는 듯하다. 폭설이 쏟아지는 가운데 "전폭적으로/비상식량 같은 뉴스에 나날을" 기댄다는 것은 무슨 뜻일까. 금강산 관광 중단과 관련한 소식을 접했을까. (시인은 북한과 접경지역인 강원도 고성에서 살고 있다.) 뒤에 나오는 문장으로 봐서 그렇게 보기에는 어렵다. 바로, 세월호 사고로 죽은 아이들을 생각하고 있는 것이다. 그렇다면 '대설'은 무엇이고 '경보'는 무슨 뜻인가. 세월호 사건은 2014년 4월 16일에 일어났지만 지금도 여전히 진행형이다. 잊혀서도 안 되고 잊을 수도 없다. 떨어지는 꽃잎들도 아이들이고 펄펄 쏟아지는 눈도 아이들이다. 시인의 눈에는 그렇게 보일 것이다. (산 생활을 하는 필자의 친구는 벌떼도 아이들로 보인다고 눈시울을 적셨다.) 앞서 말한 고립과 단절의 실체가 비로소 드러난다. 사회적 지정학적 고립(단절)이 아니라 사건을 서둘러 덮으려는 정부와 이를 추종하는 언론의 일방적인 보도를 들어야 하는 상황을 비판하고 있다. 아이들이 죽은 것도 기가 막힌데 침묵을 강요하는 듯한 정부와 언론의 태도에 또 한 번 기가 막히는 현실을 은유하고 있는 것. 시인은 심한 분노와 단절감을 느끼며 다만 "그런 날이 있었다"고 체념적인 어조로 끝을 맺음으로써 오히려 분노를 쟁이고 있다. '경보'는 정부에 대한 '선고'인 셈이다.

결은 다르지만 다음의 시도 고립의 미학에 포함시킬 수 있는 작품으로 생각한다.

막달이 다 된 옆집 박씨네 집 소의 뒤가 붉다
곧 터져 양수 한 양동이는 쏟을 듯하다
붉다는 것은 부끄럽거나 서러움만은 아닌 듯
붉은 얼굴, 붉은 노을,
살짝만 건드려도 터질 것 같은 붉은 노래
송아지는 나오지 않고 하루가 저물 즈음
소의 해산을 지켜보던 박씨 부인의 칠순 넘은 얼굴도
살짝 붉어지는데
그 풍경을 지켜보던 내 입안엔
신물이 기분 좋게 고인다

—「석류가 터질 무렵」 전문

"석류가 터질 무렵"은 가을이다. 이 시는 "붉다"에 초점이 맞춰져 있다. 세상의 모든 '붉음'이 소가 새끼를 낳으려는 한 곳으로 집중되고 있다. 산고를 겪는 "소의 뒤", 그걸 안쓰럽게 지켜보는 "박씨 부인"의 얼굴, 그것을 지켜보는 시인의 마음도 그저 붉기만 하다. 붉기만 해서 기분이 좋다. 읽는 필자도 기분이 좋다. 망중한처럼 좋은 것은 이렇듯 붉음 하나로 좋은 것이다. 아참, 마당의 석류는 "살짝만 건드려도 터질 것 같은 붉은 노래"를 부를 태세다. 내일쯤이면 송아지도 나오고 석류도 탁탁 갈라지기 시작할 것이다. 고립이 만드는 순도 높은 풍경이다.

지금까지 살펴본 대로 김창균의 시는 유연하고 무르익은 사유를 보여준다. 인생에 대한 깊은 성찰과 꼼꼼한 관찰, 폭넓은 세계관 등이 어우러진 결과라 생각한다. 지면 관계상 싣지 못한 좋은 시들이 많았음을 밝힌다. 특히, 생의 이편과 저편에 대한 통찰과 먼 곳을 응시하며 그리워하는 따뜻한 심성, 고립자로서의 염결한 품성이 고스란히 느껴지는 이번 시집에 아낌없는 찬사를 보내며 다음 시집을 기대해본다.

이 도서의 국립중앙도서관 출판시도서목록(CIP)은 서지정보유통지원시스템 홈페이지(http://seoji.nl.go.kr)와 국가자료공동목록시스템(http://www.nl.go.kr/kolisnet)에서 이용하실 수 있습니다.(CIP제어번호: CIP2016024216)

시인동네 시인선 065

마당에 징검돌을 놓다

초판 1쇄 인쇄 2016년 10월 24일
초판 1쇄 발행 2016년 10월 31일
지은이 김창균
펴낸이 고영
책임편집 류미야
디자인 헤이존
펴낸곳 문학의전당
출판등록 제311-2012-000043호
주소 서울시 은평구 연서로11길 7-5 401호
전화 02-852-1977 팩스 02-852-1978
전자우편 sbpoem@naver.com

ISBN 979-11-5896-282-1 03810